La Chispa de tu Relación

Adrian Collins

Adrian Collins

Adrian Collins

Página de Derechos de Autor

Indice

Recordando los Primeros Momentos

Recordar los primeros momentos de una relación puede ser como abrir un viejo álbum de fotos lleno de emociones. Esos días estaban llenos de risas espontáneas, miradas llenas de complicidad y una energía que parecía inagotable. La chispa inicial es ese momento en el que todo parece mágico y en el que dos personas encuentran algo especial la una en la otra. Pero, con el tiempo, las responsabilidades, las rutinas y los pequeños conflictos cotidianos pueden opacar esa magia. Este capítulo trata sobre cómo volver a conectar con esos momentos y usarlos como una base sólida para revitalizar el amor.

El primer paso es detenerse y hacer memoria. ¿Recuerdas cómo se conocieron? ¿Qué fue lo que te atrajo de tu pareja? Quizás fue su risa contagiosa, su forma de hablar o una mirada que decía más que mil palabras. Volver a esos momentos no significa quedarse atrapado en el pasado, sino traer de vuelta esas emociones que los unieron al principio. Muchas veces, las parejas olvidan por qué se enamoraron. La vida se llena de distracciones y las razones originales de su conexión quedan enterradas bajo la rutina. Dedica tiempo para reflexionar sobre esos días. Puedes hacerlo solo o junto con tu pareja, compartiendo recuerdos y reviviendo los detalles que hicieron especial esa etapa.

Otra manera de recordar esos primeros momentos es hablar sobre ellos abiertamente. Cuéntale a tu pareja lo que más te gustó de ella cuando se conocieron. Pregúntale lo mismo. A menudo, estas conversaciones son un recordatorio de los cimientos sobre los que construyeron su relación. Pueden traer risas, lágrimas de felicidad y una sensación de gratitud por todo lo que han vivido juntos. Al hacerlo, no solo están recordando, sino también fortaleciendo su conexión actual.

Recrear las experiencias iniciales también puede ser una forma poderosa de recuperar la chispa. Si solían salir a cierto lugar, como un café, un parque o una playa, consideren visitarlo nuevamente. La nostalgia puede ser una herramienta fuerte para reavivar emociones. No se trata de copiar exactamente lo que hicieron antes, sino de revivir la esencia de esos momentos. Incluso si las circunstancias han cambiado, el acto de intentarlo ya es un gesto de amor y compromiso.

Además, reflexiona sobre cómo era tu actitud en aquellos días. ¿Recuerdas lo mucho que te esmerabas por hacer reír a tu pareja? ¿O el esfuerzo que ponías en planear una cita especial? Con el tiempo, muchas parejas dejan de hacer estas cosas porque se vuelven cómodas, y aunque la comodidad es positiva en muchos aspectos, puede restar emoción. Recupera esa actitud de conquista, no porque lo necesites, sino porque tu pareja lo merece. La chispa inicial no desaparece, simplemente se entierra bajo la monotonía, y pequeños gestos pueden sacarla a la luz nuevamente.

Es importante no caer en la trampa de comparar el pasado con el presente. No se trata de decir "antes era mejor", sino de reconocer que lo que vivieron fue hermoso y que esa misma magia puede adaptarse a su vida actual. Han cambiado, han crecido y han enfrentado desafíos juntos. Eso no quita valor a lo que son ahora como pareja; de hecho, lo enriquece. Recordar los primeros momentos no debe ser una excusa para lamentarse, sino una oportunidad para celebrar lo lejos que han llegado y usar esa energía para construir algo aún mejor.

Finalmente, toma este ejercicio de recordar como un paso para mirar hacia adelante con ilusión. Esos primeros momentos eran el inicio de algo grande, y todavía hay espacio para escribir más capítulos juntos. La chispa de tu relación no es solo un recuerdo, es una energía que puede ser reavivada una y otra vez. Usa los recuerdos como combustible para nuevas aventuras, nuevos sueños y nuevas formas de decirle a tu pareja: "Te elijo cada día".

¿Qué Pasó con Nosotros?

¿Qué pasó con nosotros? Esta es una pregunta que muchas parejas se hacen cuando sienten que la chispa que los unía se ha apagado o que su relación ya no tiene la misma energía de antes. Es una pregunta que puede ser difícil de enfrentar, porque trae consigo una mezcla de emociones: tristeza, frustración, confusión, e incluso miedo. Sin embargo, hacer esta pregunta es un paso importante hacia la solución. Reconocer que algo ha cambiado es el primer paso para trabajar en recuperar lo perdido.

El desgaste en una relación no sucede de la noche a la mañana. Es un proceso gradual que puede ser tan sutil que pasa desapercibido. A menudo comienza con pequeños detalles: las conversaciones se vuelven menos frecuentes o menos profundas, los gestos de cariño se vuelven escasos, las risas compartidas se diluyen en la rutina, y los momentos de calidad se ven desplazados por responsabilidades, tecnología o simplemente el cansancio. Todo esto puede acumularse con el tiempo y crear una desconexión emocional que se siente difícil de superar.

Una de las razones más comunes del desgaste es la falta de comunicación. Al principio de una relación, las parejas suelen hablar de todo: sueños, miedos, anécdotas, planes. Pero con el tiempo, las conversaciones pueden reducirse a lo práctico: qué hay que comprar en el supermercado, quién recogerá a los niños, o qué factura está pendiente. Esto no solo limita la conexión emocional, sino que también puede crear una sensación de distancia. Cuando dejamos de compartir nuestros pensamientos y sentimientos más profundos, la relación pierde una parte importante de su esencia.

Otra causa común es la rutina. Las parejas caen en hábitos que, aunque son necesarios para mantener una vida organizada, pueden volverse repetitivos y aburridos. Salir a trabajar, volver a casa, cenar frente al televisor, y repetir el ciclo día tras día puede robarle a la relación su sentido de aventura y emoción. La rutina no es el enemigo, pero cuando domina por completo la dinámica de la pareja, puede sofocar el romance.

También están los conflictos no resueltos. A veces, las parejas evitan hablar de temas sensibles para evitar discusiones, pero esto solo crea un cúmulo de tensiones que tarde o temprano explotan. Esos pequeños resentimientos que se dejan pasar porque "no vale la pena discutir" pueden convertirse en barreras emocionales con el tiempo. Incluso si no se habla de ellos, están ahí, afectando la forma en que interactúan.

Por último, está el tema del descuido. No necesariamente el descuido físico, aunque este también puede influir, sino el descuido emocional. Con el tiempo, algunas parejas dejan de esforzarse en demostrar afecto o interés. Cosas como decir un "te quiero", dar un abrazo inesperado o planear una cita especial pueden parecer menos importantes cuando la relación ya lleva años. Pero la realidad es que estos pequeños gestos son el pegamento que mantiene unida a la pareja.

Entonces, ¿qué pasó con nosotros? Pasó la vida. Pasaron las responsabilidades, el estrés, las rutinas y las distracciones. Pasaron los días en los que no tuvimos tiempo o energía para priorizarnos como pareja. Pero lo importante no es solo entender qué pasó, sino decidir qué hacer al respecto. Este momento de reflexión no debe ser una sentencia, sino un punto de partida para trabajar juntos en reconectar.

Hablar honestamente sobre lo que sienten y sobre lo que creen que ha cambiado es crucial. Puede ser incómodo al principio, pero es la única forma de entenderse mejor. También es importante mirar más allá de las quejas y pensar en soluciones. Tal vez necesitan más tiempo de calidad juntos, tal vez necesitan redescubrir qué los hace felices como pareja, o tal vez necesitan perdonarse por los errores del pasado. Lo que importa es tomar acción.

La buena noticia es que si están dispuestos a trabajar en ello, recuperar lo que han perdido es posible. El amor no desaparece; simplemente se entierra bajo las capas de la vida diaria. Este capítulo es una invitación a remover esas capas y volver a encontrar lo que los hizo decir "sí" el uno al otro. ¿Qué pasó con nosotros? Lo que pasó no es el final, es una oportunidad para empezar de nuevo.

Comunicación Efectiva

La comunicación efectiva es el corazón de cualquier relación sana. Es como el puente que conecta dos mundos, permitiendo que las emociones, pensamientos y deseos fluyan libremente. Sin embargo, cuando ese puente está roto o debilitado, las conexiones se pierden y las malinterpretaciones crecen como maleza. En este capítulo vamos a explorar qué significa comunicarse de manera efectiva y cómo puede transformar una relación que se siente desconectada.

Primero, debemos entender qué es realmente la comunicación. No se trata solo de hablar, sino de transmitir un mensaje de manera que sea comprendido y de recibir el mensaje de la otra persona con atención. Aquí es donde muchas parejas tropiezan. Puede que piensen que están hablando mucho, pero si no están escuchando o si lo que dicen no está claro, esa comunicación no está funcionando. Por ejemplo, cuando uno dice "nunca me ayudas" y el otro responde "siempre estoy ocupado", lo único que están haciendo es lanzarse acusaciones en lugar de resolver el problema.

Un gran error en la comunicación es suponer que el otro sabe lo que estamos pensando o sintiendo. Ninguno de nosotros tiene una bola de cristal. Decir "deberías saberlo" es injusto. Si algo te molesta o necesitas algo de tu pareja, dilo claramente. Por ejemplo, en lugar de decir "nunca me haces caso", podrías decir "me gustaría que me prestaras atención cuando te hablo, me hace sentir importante". Esto no solo comunica el problema, sino que también señala una solución.

La forma en que hablamos también importa. Las palabras pueden construir o destruir. Hablar con respeto, incluso en medio de una discusión, es esencial. Insultar, gritar o hablar con sarcasmo no hará que tu pareja te escuche mejor; al contrario, la pondrá a la defensiva. Si estás molesto, respira hondo antes de hablar. Usa frases que comiencen con "yo siento" en lugar de "tú siempre". Decir "me siento ignorado cuando estás en el teléfono durante la cena" es mucho más efectivo que gritar "¡siempre estás pegado al teléfono!".

Pero hablar es solo una parte de la ecuación. Escuchar es igual de importante, y no se trata solo de oír las palabras, sino de entender el mensaje detrás de ellas. Escuchar activamente significa prestar atención, no interrumpir y tratar de comprender lo que tu pareja está diciendo, incluso si no estás de acuerdo. Muchas veces, mientras la otra persona habla, ya estamos pensando en lo que vamos a responder. Esto no es escuchar; es debatir. Tómate un momento para procesar lo que escuchas antes de responder.

Además, considera el lenguaje no verbal. Las palabras son importantes, pero los gestos, las expresiones faciales y el tono de voz también comunican mucho. Puedes decir "no estoy molesto", pero si tu tono es frío y estás cruzando los brazos, tu pareja recibirá un mensaje completamente diferente. Aprende a ser coherente con lo que dices y cómo lo dices. Y, de igual manera, presta atención al lenguaje no verbal de tu pareja. A veces, lo que no se dice es tan importante como lo que se dice.

Otro aspecto fundamental de la comunicación efectiva es elegir el momento y el lugar adecuados para hablar. No intentes tener una conversación seria cuando ambos están cansados, apresurados o distraídos. Si hay algo importante que discutir, busca un momento en el que puedan estar tranquilos y enfocados. Además, eviten discutir en público o frente a otras personas; esto solo añade tensión y puede hacer que ambos se sientan expuestos.

También es importante aprender a pedir perdón y aceptar disculpas. Nadie es perfecto, y cometer errores es parte de cualquier relación. Decir "lo siento" cuando te equivocas no solo muestra madurez, sino que también abre la puerta para que tu pareja se sienta segura de expresar sus sentimientos. Por otro lado, aceptar una disculpa no significa guardar rencor. Si perdonas, hazlo sinceramente y deja atrás el tema.

Por último, no olvides el poder de los pequeños gestos de comunicación positiva. Un mensaje de texto durante el día, un "gracias" sincero o un "me encanta cómo haces esto" pueden reforzar la conexión emocional. No todo tiene que ser una conversación profunda; a veces, un simple gesto muestra a tu pareja que estás pensando en ella y que te importa.

La comunicación efectiva no es algo que ocurra automáticamente, especialmente después de años de relación. Requiere esfuerzo, paciencia y práctica. Pero la recompensa es invaluable: una relación donde ambos se sienten escuchados, valorados y conectados. Así que empieza hoy. Habla, escucha, entiende y vuelve a construir ese puente que une tus mundos. Tu relación lo vale.

Entender Para Amar Mejor

Entender para amar mejor es un principio que puede transformar cualquier relación. Muchas veces, en el amor, damos por sentado que conocemos a nuestra pareja. Pensamos que entendemos lo que quiere, lo que siente y lo que necesita. Pero la realidad es que las personas cambian, evolucionan y tienen matices que a veces pasamos por alto. Amar mejor no significa solo dar más amor; significa entender más profundamente a la persona que tienes a tu lado, y ese entendimiento requiere tiempo, paciencia y atención.

Para empezar, entender no es lo mismo que asumir. A veces, creemos saber por qué nuestra pareja actúa de cierta manera o qué está pensando, pero esas suposiciones suelen basarse en nuestras propias percepciones y no en lo que realmente ocurre en su interior. Por ejemplo, si tu pareja está callada, podrías asumir que está molesta contigo, pero tal vez está lidiando con un problema del trabajo o simplemente necesita un momento de tranquilidad. Para evitar malentendidos, es importante preguntar en lugar de adivinar. Una pregunta tan simple como "¿estás bien?

¿Hay algo que quieras compartir?" puede abrir la puerta a una conversación honesta.

Entender también implica escuchar con intención. No solo oír las palabras, sino captar el mensaje detrás de ellas. A veces, las personas no expresan directamente lo que sienten porque no saben cómo hacerlo o temen ser juzgadas. Por ejemplo, cuando tu pareja dice "siempre estás ocupado", podría estar diciendo en realidad "me siento ignorado". Si escuchas con el corazón abierto, puedes responder de una manera que no solo resuelva el problema inmediato, sino que también fortalezca la relación.

Además, es importante recordar que todos tenemos diferentes formas de expresar y recibir amor. Gary Chapman, en su teoría de los cinco lenguajes del amor, explica que algunas personas se sienten amadas a través de palabras de afirmación, mientras que otras valoran más los actos de servicio, el tiempo de calidad, los regalos o el contacto físico. Si no entiendes el lenguaje de amor de tu pareja, es posible que ambos terminen frustrados. Por ejemplo, podrías estar comprándole regalos costosos pensando que eso demuestra tu amor, mientras que lo que realmente necesita es que pases más tiempo con él o ella. Conocer el lenguaje de amor de tu pareja es una forma poderosa de demostrar que te importa.

Otra clave para entender mejor a tu pareja es conocer su historia. Todos llevamos experiencias, creencias y heridas del pasado que moldean quiénes somos y cómo nos relacionamos. Tal vez tu pareja evita los conflictos porque creció en un hogar donde las discusiones eran constantes y dolorosas. Tal vez le cuesta expresar sus emociones porque nunca aprendió a hacerlo. Entender de dónde viene te permitirá ver más allá de sus acciones y comprender las razones detrás de ellas. Esto no significa justificar comportamientos negativos, pero sí te ayudará a abordarlos con empatía en lugar de enojo.

La empatía es fundamental para entender y amar mejor. Ponerte en los zapatos de tu pareja significa imaginar cómo se siente desde su perspectiva, no desde la tuya. Si tuvieron un mal día en el trabajo, en lugar de minimizarlo diciendo "no es para tanto", trata de validar sus emociones con algo como "debe haber sido muy difícil para ti". Este tipo de respuestas no solo muestran que te importa, sino que también fortalecen la confianza y la conexión emocional.

También es esencial aceptar que no siempre tienes que estar de acuerdo con tu pareja para entenderla. En cualquier relación, habrá diferencias de opinión, valores o prioridades. La clave no es cambiar al otro, sino aceptar sus puntos de vista y buscar un terreno común. Por ejemplo, si uno de ustedes prefiere pasar los fines de semana en casa y el otro quiere salir, pueden encontrar un equilibrio alternando actividades que ambos disfruten. El respeto mutuo es la base para lidiar con estas diferencias sin que se conviertan en conflictos.

Por último, entender a tu pareja requiere esfuerzo continuo. No basta con conocerse bien al principio de la relación y asumir que esa información será válida para siempre. Las personas crecen, cambian y enfrentan nuevos desafíos, lo que significa que siempre hay algo nuevo por aprender. Pregúntale regularmente cómo se siente, qué le preocupa, qué le hace feliz. Estos pequeños esfuerzos por comprender pueden marcar una gran diferencia en cómo se sienten amados y valorados.

Entender para amar mejor no es solo un consejo; es un compromiso que puedes hacer con tu pareja y contigo mismo. Al dedicar tiempo y atención a comprender realmente quién es la persona a tu lado, no solo fortalecerás tu relación, sino que también descubrirás un nivel más profundo de amor y conexión que quizás no sabías que existía. Este entendimiento no solo es el cimiento de una relación más feliz, sino también de una vida compartida más significativa.

29

Pequeños Gestos, Grandes Impactos

A veces pensamos que para fortalecer una relación o recuperar la chispa del amor necesitamos grandes gestos, como viajes exóticos, cenas caras o regalos impresionantes. Sin embargo, son los pequeños gestos cotidianos los que realmente pueden marcar la diferencia. Esos detalles simples, pero llenos de intención, son como gotas de agua que nutren el amor y la conexión día tras día. En este capítulo vamos a explorar cómo los pequeños gestos pueden tener grandes impactos en tu relación.

Comencemos con algo tan básico como un "gracias". A medida que la rutina avanza, dejamos de agradecer por las cosas pequeñas. Olvidamos decir "gracias por preparar el desayuno", "gracias por llevar a los niños al colegio" o "gracias por escucharme cuando tuve un mal día". Estas palabras son poderosas porque reconocen el esfuerzo del otro y le hacen sentir que lo que hace importa. No subestimes el poder de un "gracias"; puede ser el detalle que transforme un día normal en uno especial.

Otro gesto sencillo pero significativo es un abrazo inesperado. El contacto físico es una forma de comunicación que no necesita palabras. Un abrazo puede transmitir cariño, apoyo, consuelo o simplemente decir "estoy aquí para ti". A veces, después de un día difícil, un abrazo sincero vale más que cualquier discurso. No esperes a que tu pareja lo pida; ofrécelo espontáneamente. Un abrazo por la mañana, al llegar a casa o antes de dormir puede fortalecer enormemente el vínculo emocional.

Los mensajes de texto también son una herramienta poderosa. Un simple "estaba pensando en ti" o "espero que tengas un buen día" puede iluminar el día de tu pareja. No hace falta escribir algo elaborado; lo importante es que demuestres que te importa. Estos pequeños recordatorios de que estás presente, incluso cuando no están juntos, pueden ayudar a mantener la conexión viva.

Los actos de servicio son otra forma de mostrar amor de manera sencilla. Puede ser algo tan pequeño como preparar una taza de café, recoger algo que sabes que tu pareja necesita o encargarte de una tarea que normalmente hace ella. No tiene que ser un gran esfuerzo; lo importante es que tu pareja note que pensaste en ella y quisiste aliviar su carga, aunque sea un poco.

Prestar atención a los detalles también es un gesto que puede tener un gran impacto. Si sabes que a tu pareja le gusta cierto tipo de chocolate, cómpraselo cuando vayas al supermercado. Si le gusta una canción en particular, ponla de fondo mientras cenan. Si mencionó que quiere leer un libro específico, sorpréndela comprándolo. Estos pequeños actos muestran que prestas atención a sus gustos y deseos, lo que fortalece el vínculo entre ambos.

El tiempo de calidad, aunque sea breve, también es un gesto importante. No necesitas dedicar horas; a veces, unos minutos de atención plena pueden ser suficientes. Apaga el teléfono, deja las distracciones de lado y escucha a tu pareja. Pregunta cómo fue su día y realmente escucha la respuesta. Este tipo de conexión, aunque parezca simple, refuerza el mensaje de que tu pareja es importante para ti.

No olvidemos el poder de las palabras amables. Un cumplido genuino, como "te ves increíble hoy" o "me encanta cómo haces eso", puede mejorar el ánimo de tu pareja y recordarle que la aprecias. Con el tiempo, muchas parejas dejan de halagarse, pero retomar este hábito puede tener un impacto enorme en cómo se sienten el uno con el otro.

A veces, los pequeños gestos también pueden incluir dar espacio. Si notas que tu pareja está abrumada, ofrecerte a cuidar a los niños para que tenga un momento de tranquilidad o proponerle que se tome un tiempo para ella puede ser un acto de amor enorme. Mostrar empatía y entender cuándo alguien necesita un respiro también es una forma de cuidar el vínculo.

Finalmente, no subestimes el poder de una sonrisa. Sonreír a tu pareja, incluso en medio de un día ajetreado, es un recordatorio silencioso de que estás feliz de compartir tu vida con ella. Es un gesto que no cuesta nada, pero puede transmitir mucho. Una sonrisa puede aliviar tensiones, transmitir cariño y recordarle a tu pareja que, a pesar de todo, el amor sigue ahí.

En resumen, no necesitas grandes esfuerzos para tener un gran impacto en tu relación. Los pequeños gestos, cuando se hacen con intención y amor, pueden ser más poderosos de lo que imaginas. Estos detalles cotidianos son como ladrillos que construyen una relación sólida y duradera. Así que empieza hoy, con algo tan simple como un abrazo, un agradecimiento o una sonrisa. Tu pareja lo notará, y el impacto será más grande de lo que esperas.

Sanar Heridas Pasadas

Sanar heridas pasadas es uno de los pasos más importantes y, a la vez, más difíciles en una relación. Cuando hemos sido lastimados o cuando hemos lastimado, las emociones como el resentimiento, el dolor y la culpa pueden quedarse atrapadas entre nosotros, creando una barrera que impide que el amor fluya con libertad. No importa cuánto tiempo haya pasado; si esas heridas no se abordan, seguirán afectando la relación de maneras sutiles pero profundas. Este capítulo es una invitación a enfrentar esas heridas con valentía, paciencia y compromiso, porque solo al sanarlas se puede avanzar hacia un amor más pleno y genuino.

El primer paso para sanar es reconocer que las heridas existen. Muchas veces, preferimos ignorarlas, pensando que el tiempo las hará desaparecer. Pero el tiempo no cura lo que no se enfrenta. Si hay un tema del pasado que todavía te duele, aunque no lo menciones, ese dolor puede manifestarse en forma de desconfianza, enojo o indiferencia hacia tu pareja. Haz un ejercicio de introspección y pregúntate qué situaciones o palabras te dejaron esa marca emocional.

Sé honesto contigo mismo, porque solo así podrás empezar a trabajar en ello.

Después de reconocer tus propias heridas, es importante abrir un espacio de comunicación con tu pareja. Hablar de temas dolorosos no es fácil, pero es necesario. Busca un momento tranquilo, sin distracciones, y expresa lo que sientes con calma y claridad. En lugar de culpar o atacar, enfócate en explicar cómo te afectaron ciertos hechos. Por ejemplo, en lugar de decir "nunca me apoyaste cuando lo necesitaba", podrías decir "me sentí solo en ese momento y eso me dolió mucho". Este enfoque no solo evita una reacción defensiva, sino que también facilita que tu pareja entienda cómo te sientes.

Escuchar es igual de importante que hablar. Si tu pareja tiene heridas del pasado, dale el espacio para compartirlas contigo. Evita interrumpir o minimizar lo que dice, incluso si sientes que no fue tu intención lastimarla. Recuerda que la percepción del dolor es única para cada persona, y validar lo que siente es un paso crucial en el proceso de sanación. Pregunta con sinceridad cómo puedes ayudar a sanar esas heridas y demuestra que estás dispuesto a hacer cambios si es necesario.

El perdón es un pilar fundamental para sanar. Esto no significa justificar lo que sucedió, sino liberar el peso emocional que llevas contigo. Si alguien te hirió, el rencor puede convertirse en una carga que afecta no solo a tu relación, sino también a ti mismo. Perdonar no es algo que ocurra de la noche a la mañana, pero puedes dar pequeños pasos. Reflexiona sobre lo que ocurrió, reconoce tus propios sentimientos y, con el tiempo, decide soltar ese dolor. Recuerda que el perdón no es un regalo para la otra persona, sino para ti mismo, porque te libera del pasado y te permite vivir en el presente.

Si tú fuiste quien lastimó a tu pareja, el perdón también implica pedirlo con sinceridad. No basta con un "lo siento" superficial; tu pareja necesita sentir que comprendes el impacto de tus acciones y que estás dispuesto a trabajar para no repetirlas. Pregunta cómo puedes reparar el daño y demuestra con acciones concretas que estás comprometido con el cambio. El perdón no se gana con palabras, sino con constancia y esfuerzo.

Un aspecto importante del proceso de sanación es aprender de las heridas. Cada experiencia, incluso las dolorosas, tiene algo que enseñarnos. Reflexiona sobre lo que sucedió y busca las lecciones que puedas aplicar para fortalecer tu relación. Tal vez aprendiste la importancia de comunicarte mejor, de poner límites o de ser más empático. Aprovecha estas lecciones para construir una relación más sólida y saludable.

La paciencia es esencial en este proceso. Sanar no ocurre de inmediato, y cada persona tiene su propio ritmo. Habrá días en los que te sientas avanzado y otros en los que las heridas parezcan más frescas que nunca. Esto es normal. Lo importante es seguir comprometido con el proceso, incluso cuando sea difícil. Recuérdate a ti mismo y a tu pareja que ambos están trabajando por un objetivo común: construir un amor más fuerte y más auténtico.

Por último, recuerda que sanar heridas pasadas no significa olvidar lo que ocurrió, sino transformar ese dolor en una oportunidad para crecer. Las cicatrices son testimonio de lo que han superado juntos y pueden convertirse en una fuente de fortaleza si deciden enfrentarlas como un equipo. Al hacerlo, no solo estarán dejando atrás el peso del pasado, sino también abriendo espacio para un futuro lleno de amor, confianza y esperanza.

Sanar es un acto de amor, tanto hacia ti mismo como hacia tu pareja. No tengas miedo de enfrentar esas heridas. Al contrario, considéralo un paso valiente y necesario para recuperar la chispa y construir una relación más fuerte, más honesta y más profunda.

Reconociendo los Lenguajes del Amor

Reconocer los lenguajes del amor es uno de los pasos más importantes para fortalecer una relación y recuperar la chispa. A menudo, las parejas se sienten desconectadas no porque no se amen, sino porque no saben cómo expresar ese amor de una forma que el otro realmente entienda. Es como si hablaran diferentes idiomas: uno dice "te amo" con palabras, pero el otro necesita verlo en acciones, y ahí es donde las cosas se complican. Este capítulo te ayudará a identificar tu lenguaje del amor, el de tu pareja, y cómo usarlos para conectarse de manera más profunda.

La idea de los lenguajes del amor fue desarrollada por el autor Gary Chapman y plantea que cada persona tiene una forma preferida de recibir y dar amor. Estos lenguajes son palabras de afirmación, tiempo de calidad, regalos, actos de servicio y contacto físico. Entender cuál es el lenguaje principal de tu pareja puede ser un verdadero cambio de juego en tu relación, porque te permite demostrar amor de la manera en que realmente lo necesita.

El primer lenguaje del amor son las palabras de afirmación. Algunas personas necesitan escuchar que son amadas, valoradas y apreciadas. Esto no significa hacer cumplidos vacíos; se trata de expresar sentimientos sinceros. Frases como "me haces muy feliz", "me encanta cómo resuelves los problemas" o "te admiro por tu paciencia" pueden significar mucho para alguien cuyo lenguaje principal es este. Si tu pareja se ilumina cuando le dices algo bonito o si tiende a usar palabras para expresar su amor, este puede ser su lenguaje.

El segundo lenguaje es el tiempo de calidad. Para quienes tienen este lenguaje, lo más importante no es solo estar juntos físicamente, sino realmente conectar. No se trata de mirar el teléfono mientras están en la misma habitación, sino de dedicar tiempo pleno y sin distracciones. Esto puede ser tener una conversación significativa, salir a caminar juntos o simplemente disfrutar de una comida sin apuros. Si tu pareja siempre pide que pases más tiempo con ella o se siente frustrada cuando estás presente pero distraído, probablemente este sea su lenguaje del amor.

El tercer lenguaje del amor son los regalos. Aquí no se trata del valor material, sino del significado detrás del gesto. Un regalo puede ser un recordatorio tangible de que pensaste en tu pareja. Puede ser algo tan simple como su chocolate favorito, una flor recogida del camino o un objeto que sabes que le hará sonreír. Si tu pareja siempre guarda cosas que le das o se emociona cuando le sorprendes con algo, incluso pequeño, este puede ser su lenguaje.

El cuarto lenguaje son los actos de servicio. Para algunas personas, las acciones hablan más fuerte que las palabras. Cosas como lavar los platos, ayudar con las tareas del hogar, cuidar a los niños para que tu pareja pueda descansar o preparar su comida favorita pueden ser formas de decir "te amo". Si tu pareja valora mucho cuando haces cosas prácticas para facilitarle la vida, este es probablemente su lenguaje del amor.

Finalmente, el contacto físico es el quinto lenguaje. Esto no se limita a la intimidad sexual; incluye cosas como abrazos, caricias, tomarse de la mano o simplemente sentarse cerca el uno del otro. Para quienes tienen este lenguaje, el contacto físico es una forma poderosa de conectar emocionalmente. Si tu pareja busca abrazos espontáneos, te toma de la mano mientras caminan o se inclina hacia ti cuando están juntos, probablemente este sea su lenguaje.

Una vez que identifiques el lenguaje principal de tu pareja, el siguiente paso es usarlo activamente. Tal vez te des cuenta de que has estado mostrando amor de una manera que no tiene tanto impacto en tu pareja. Por ejemplo, podrías estar llenándola de cumplidos (palabras de afirmación), pero si su lenguaje es tiempo de calidad, lo que realmente necesita es que apagues el teléfono y hables con ella. Hacer este cambio puede transformar la dinámica de tu relación.

También es importante reconocer tu propio lenguaje del amor. Muchas veces damos amor en el idioma que preferimos recibirlo, pero esto no siempre coincide con lo que necesita nuestra pareja. Hablar sobre esto abiertamente puede ser revelador y ayudarte a entenderte mejor a ti mismo y a tu pareja. Pregúntate qué acciones o gestos te hacen sentir más amado, y compártelo con tu pareja para que pueda demostrar su amor de manera que sea significativa para ti.

Recuerda que las personas no tienen un solo lenguaje del amor. Aunque uno suele ser dominante, todos tenemos una combinación de los cinco. Por eso, diversificar tus formas de demostrar amor también puede ser beneficioso. Un abrazo por la mañana, una palabra amable al mediodía, un acto de servicio por la tarde y un tiempo de calidad por la noche pueden cubrir varias bases y mantener la chispa viva.

Reconocer y hablar los lenguajes del amor no es algo que suceda de inmediato. Requiere observación, comunicación y práctica, pero los resultados valen la pena. Una vez que ambos comiencen a expresar su amor en los idiomas que realmente entienden, es probable que sientan una conexión más profunda y una mayor armonía en su relación. Este pequeño esfuerzo puede tener un gran impacto, porque el amor no solo se trata de sentirlo, sino de demostrarlo de maneras que el otro realmente pueda apreciar.

Tiempo de Calidad

El tiempo de calidad es uno de los elementos más valiosos en cualquier relación. Es mucho más que simplemente estar juntos; se trata de dedicar atención plena a tu pareja y compartir momentos significativos que fortalezcan su conexión. En el mundo acelerado de hoy, donde el trabajo, las redes sociales y las responsabilidades diarias compiten por nuestra atención, el tiempo de calidad puede convertirse en una de las cosas más difíciles de lograr, pero también en una de las más importantes. Este capítulo te ayudará a entender qué significa realmente este concepto y cómo puedes incorporarlo en tu relación para recuperar la chispa.

Dedicar tiempo de calidad significa estar completamente presente con tu pareja. Esto implica dejar de lado las distracciones y enfocarte únicamente en ella. No se trata de estar sentados en la misma habitación mientras cada uno mira su teléfono o la televisión, sino de compartir momentos en los que ambos estén conectados emocionalmente. Puede ser una conversación profunda, una actividad que disfruten juntos o incluso algo tan sencillo como tomar un café mientras se miran a los ojos. La clave está en la atención que le das a tu pareja durante ese tiempo.

Para algunas personas, el tiempo de calidad es su principal lenguaje del amor. Esto significa que valoran más que nada esos momentos donde sienten que tienen toda tu atención. Si tu pareja tiende a quejarse de que "nunca pasan tiempo juntos" o parece más feliz cuando hacen algo en pareja, es probable que este sea su lenguaje del amor. En ese caso, dedicar tiempo de calidad no es solo un gesto agradable, sino una necesidad emocional para ella.

Una de las mejores formas de crear tiempo de calidad es planificar actividades que disfruten ambos. Esto no tiene que ser algo costoso o complicado. Puede ser tan simple como salir a caminar, cocinar juntos, jugar un juego de mesa o incluso trabajar en un proyecto en equipo. Lo importante es que ambos participen activamente y se sientan conectados. Si no estás seguro de qué actividad elegir, pregúntale a tu pareja qué le gustaría hacer. Esto no solo te dará ideas, sino que también le mostrará que te importa lo que piensa.

La comunicación es una parte esencial del tiempo de calidad. Aprovecha estos momentos para hablar sobre sus días, compartir pensamientos y sentimientos, y escuchar a tu pareja sin interrupciones. Muchas veces, las personas solo necesitan ser escuchadas para sentirse valoradas. Haz preguntas, muestra interés genuino y evita dar consejos a menos que te los pidan. La idea no es resolver problemas, sino estar presente y demostrar que te importa lo que tu pareja tiene que decir.

Otra manera efectiva de pasar tiempo de calidad es crear rituales diarios o semanales. Puede ser algo tan sencillo como tomar cinco minutos todas las noches para hablar antes de dormir, desayunar juntos los fines de semana o salir a caminar después del trabajo. Estos pequeños rituales no solo fortalecen la conexión, sino que también crean un espacio regular donde ambos pueden enfocarse el uno en el otro.

El tiempo de calidad no siempre tiene que ser largo. Incluso unos pocos minutos al día pueden hacer una gran diferencia si los aprovechas bien. Por ejemplo, en lugar de estar distraído mientras tu pareja te cuenta algo, deja lo que estés haciendo y mírala a los ojos. Ese simple gesto puede hacer que se sienta valorada y amada. La calidad siempre será más importante que la cantidad.

Por otro lado, es importante mencionar que no todas las actividades cuentan como tiempo de calidad. Si estás físicamente presente pero mentalmente ausente, tu pareja lo notará. Esto incluye cosas como revisar tu teléfono, estar preocupado por el trabajo o simplemente no mostrar interés. Para que el tiempo de calidad sea efectivo, necesitas estar completamente presente, tanto física como emocionalmente.

También es esencial reconocer que el tiempo de calidad no siempre tiene que ser perfecto. Habrá días en los que estén cansados, en los que las conversaciones no fluyan o en los que simplemente no tengan ganas de hacer mucho. Eso está bien. Lo importante es que sigan priorizando esos momentos juntos y que ambos sepan que están haciendo un esfuerzo por conectarse.

Por último, recuerda que el tiempo de calidad es un regalo que te das a ti mismo y a tu relación. No solo fortalece el vínculo con tu pareja, sino que también te permite desconectarte de las preocupaciones diarias y disfrutar de lo que realmente importa. Al dedicar estos momentos significativos, estás invirtiendo en la salud y felicidad de tu relación, lo cual es una de las cosas más valiosas que puedes hacer.

El tiempo de calidad no requiere grandes gestos ni una planificación elaborada. Lo único que necesitas es tu atención, tu disposición y tu amor. Al final del día, lo que realmente importa no es cuánto tiempo pasaron juntos, sino cómo lo pasaron. Cada momento de calidad es una oportunidad para reconectar, para recordar por qué se eligieron y para seguir construyendo una relación llena de amor y significado.

Rompiendo la Rutina

La rutina es una de las cosas más letales para una relación. Al principio, todo se siente emocionante y nuevo, pero con el tiempo, la vida diaria puede volverse monótona. Sin darnos cuenta, caemos en un ciclo de hábitos repetitivos que, aunque prácticos, pueden hacer que la chispa se apague. Romper la rutina no solo es importante para mantener una relación viva, sino también para recordarse mutuamente por qué se enamoraron en primer lugar. Este capítulo te mostrará cómo identificar cuándo la rutina está afectando tu relación y cómo puedes darle un giro fresco y emocionante.

Primero, hay que entender cómo se manifiesta la rutina. No es solo hacer lo mismo todos los días; es dejar de hacer cosas especiales. Es cuando las conversaciones se limitan a lo básico, como qué comprar en el supermercado o quién recogerá a los niños. Es cuando las noches de pareja se convierten en sentarse frente al televisor sin realmente interactuar. La rutina también se nota en los pequeños detalles que dejamos de cuidar, como sorprender a tu pareja o tomarte un momento para expresar cuánto la amas.

Romper la rutina no significa cambiar todo lo que hacen, ni implica hacer algo extremo. Se trata de introducir pequeños cambios que añadan novedad y emoción a su día a día. Por ejemplo, si siempre cenan en casa, salgan a comer a un lugar que nunca hayan probado. Si siempre ven televisión después de cenar, cambien esa hora por un paseo juntos o un juego de mesa. Estos pequeños ajustes pueden parecer insignificantes, pero tienen un impacto enorme porque rompen el patrón predecible.

Una de las formas más efectivas de romper la rutina es probar algo completamente nuevo juntos. Esto podría ser una actividad, como tomar una clase de baile, ir a escalar, cocinar una receta diferente o incluso hacer un viaje espontáneo. La idea es salir de su zona de confort y compartir una experiencia que les dé algo nuevo de qué hablar y recordar. Hacer algo nuevo no solo es divertido, sino que también fortalece el vínculo porque ambos están enfrentando una novedad juntos.

Si salir de casa no es posible, pueden romper la rutina desde la comodidad del hogar.

Organiza una cita sorpresa para tu pareja. Por ejemplo, prepara una cena romántica, pon música que les guste y apaga los teléfonos. Si tienen hijos, espera hasta que estén dormidos para que puedan tener tiempo a solas. También pueden revivir recuerdos felices, como mirar fotos de momentos especiales o recrear su primera cita. Estas pequeñas acciones les ayudan a recordar por qué están juntos y a reavivar la conexión.

Otra forma de salir de la monotonía es cambiar la manera en que interactúan. Si normalmente son serios, intenten ser más juguetones. Hagan bromas, envíense mensajes inesperados durante el día o planifiquen algo solo para sorprenderse mutuamente. Si tienen el hábito de estar en silencio en las mañanas, intenten comenzar el día con una conversación ligera o con música que los haga sentir bien. Los cambios en cómo se comunican también pueden traer frescura a su relación.

Algo importante es no subestimar el poder de los detalles. Las sorpresas pequeñas, como dejarle una nota cariñosa, traerle su postre favorito o simplemente decirle algo bonito, pueden marcar una gran diferencia. A menudo, las parejas creen que necesitan grandes gestos para cambiar las cosas, pero muchas veces son estas pequeñas acciones las que más impacto tienen porque demuestran que estás pensando en tu pareja y que te importa mantener viva la conexión.

Es normal que la rutina se instale en una relación, pero no debes permitir que tome el control. La clave es ser proactivo. Hablen abiertamente sobre cómo se sienten y qué pueden hacer para variar las cosas. Muchas veces, solo el hecho de planear algo juntos ya genera emoción. Por ejemplo, hablen sobre lugares que les gustaría visitar, cosas que siempre han querido intentar o actividades que solían disfrutar pero que han dejado de hacer.

Romper la rutina también tiene que ver con la actitud. En lugar de ver las tareas diarias como algo tedioso, traten de encontrar formas de hacerlas más agradables. Por ejemplo, si tienen que limpiar la casa, pongan música y háganlo juntos. Si uno tiene que cocinar, el otro puede acompañarlo y hacer que sea un momento para conversar. No siempre se trata de cambiar lo que hacen, sino de cómo lo hacen.

Es importante recordar que romper la rutina no es un esfuerzo único; es algo que deben hacer continuamente. Con el tiempo, incluso las nuevas actividades pueden volverse rutinarias si no se les da variedad. Por eso, es esencial estar siempre atentos a cómo se sienten y buscar maneras de mantener la relación interesante. No se trata de hacer algo espectacular cada día, sino de encontrar pequeñas formas de sorprenderse y mantenerse conectados.

En última instancia, romper la rutina no solo revitaliza tu relación, sino que también les permite redescubrirse como pareja. Es una forma de recordar que, aunque la vida puede ser predecible, su relación no tiene que serlo. Cuando hacen el esfuerzo de salir de la monotonía, están invirtiendo en su felicidad como pareja y creando recuerdos que les ayudarán a mantener viva la chispa del amor.

Renovando la Intimidad

La intimidad es uno de los pilares fundamentales de cualquier relación, pero también es uno de los aspectos que más fácilmente puede verse afectado con el tiempo. Las responsabilidades diarias, el estrés, la rutina y la falta de comunicación pueden enfriar lo que alguna vez fue una conexión llena de pasión y cercanía. Renovar la intimidad no se trata solo del aspecto físico, sino también de recuperar esa conexión emocional que los hacía sentirse especiales y únicos el uno para el otro. Este capítulo es una invitación a explorar maneras simples y efectivas para fortalecer esa intimidad y redescubrir el placer de estar juntos.

Primero, es importante entender que la intimidad no se limita al contacto físico. Incluye la forma en que se miran, se hablan y se cuidan. Comienza con la confianza y la vulnerabilidad. Si sienten que hay una barrera emocional entre ustedes, tómense el tiempo para abrirse y hablar de lo que sienten. A veces, simplemente expresar lo que nos preocupa o lo que necesitamos puede ser el primer paso para volver a acercarse. Hablen sobre lo que los hace sentir amados, lo que los lastima y lo que desean recuperar en su relación.

Dedicar tiempo exclusivo para estar juntos es esencial. En el día a día, es fácil dejar que todo lo demás tome prioridad, pero la relación necesita atención constante. Planifiquen momentos en los que puedan estar solos, sin distracciones. Puede ser algo tan sencillo como sentarse a tomar un café en la cocina o una cita especial fuera de casa. Lo importante es que ambos estén presentes en ese momento, escuchándose y disfrutando de la compañía del otro.

El contacto físico es un lenguaje poderoso en la intimidad. A veces, con el tiempo, dejamos de dar abrazos espontáneos, de tomarnos de la mano o de besarnos con la misma pasión. Recuperar estas pequeñas acciones puede hacer una gran diferencia. Un abrazo largo y sincero, un beso inesperado o simplemente acariciar la mano de tu pareja mientras hablan son gestos que reafirman el cariño y la conexión. No subestimes el poder de estas pequeñas muestras de afecto; son como el pegamento que mantiene unida la relación.

Renovar la intimidad también significa ser creativo y romper la monotonía. Si su vida sexual se ha vuelto predecible o inexistente, es momento de cambiar las cosas. Hablen abiertamente sobre sus deseos, lo que les gustaría intentar o lo que sienten que falta. La comunicación en este aspecto es clave, ya que muchas veces los problemas de intimidad surgen porque no expresamos lo que necesitamos o tememos ser juzgados. Exploren nuevas formas de conectar físicamente, pero siempre asegurándose de que ambos se sientan cómodos y respetados.

Otra forma poderosa de renovar la intimidad es revivir el romance. Los detalles románticos no tienen que ser grandiosos ni costosos, pero sí deben ser significativos. Sorprende a tu pareja con una nota de amor, una cena especial o un mensaje cariñoso durante el día. A veces, los gestos más simples son los que más impacto tienen porque demuestran que pensaste en esa persona. Recordarle a tu pareja cuánto la valoras y lo mucho que significa para ti es esencial para fortalecer la conexión.

La intimidad también se nutre de la diversión compartida. Reír juntos crea un vínculo único. Piensen en actividades que disfruten ambos, ya sea ver una película divertida, jugar algo juntos o simplemente recordar momentos graciosos del pasado. La risa no solo alivia tensiones, sino que también les recuerda que estar juntos es algo que vale la pena disfrutar. La diversión y la alegría son elementos que, aunque a veces olvidados, son esenciales para una relación saludable.

Un aspecto que muchas veces se pasa por alto es la importancia de cuidarse a uno mismo para mejorar la relación. Cuando te sientes bien contigo mismo, es más fácil entregarte por completo a tu pareja. Esto incluye tanto el cuidado físico como el emocional. Dedica tiempo a hacer cosas que te hagan feliz, que te relajen y que te llenen de energía. Una persona que se siente plena consigo misma tiene más para ofrecer a los demás.

Finalmente, renovar la intimidad requiere paciencia y compromiso. No esperen que las cosas cambien de un día para otro. Habrá días buenos y días malos, pero lo importante es no rendirse. Cada pequeño paso que tomen para acercarse más hará que la relación se fortalezca. Recuerden que la intimidad es un proceso continuo y que el esfuerzo mutuo es lo que mantiene viva esa chispa especial.

Renovar la intimidad no se trata de volver a lo que eran al principio, sino de descubrir juntos una nueva etapa en su relación. Es una oportunidad para crecer como pareja, para conocerse de nuevas maneras y para reafirmar el amor que los unió. No importa cuánto tiempo hayan estado juntos, siempre hay espacio para redescubrirse y volver a encender esa conexión especial que los hace únicos.

El Equilibrio Entre el yo y el Nosotros

En una relación, encontrar el equilibrio entre el yo y el nosotros puede ser un desafío constante. Amar a alguien y compartir la vida juntos no significa perderse a uno mismo en el proceso. Por el contrario, una relación saludable requiere que cada persona mantenga su individualidad mientras construye un vínculo fuerte con la otra. Este equilibrio es crucial para mantener la chispa del amor y asegurar que la relación no se convierta en una carga, sino en un espacio donde ambos puedan crecer y florecer.

Es importante empezar reconociendo que cada persona es un ser único con sueños, metas, intereses y necesidades propias. Aunque la relación sea una prioridad, también es esencial dedicar tiempo para uno mismo. Esto no significa ser egoísta ni desinteresado, sino entender que para dar lo mejor a la pareja, primero debes estar en paz contigo mismo. Si descuidas tus propias necesidades, con el tiempo, podrías empezar a sentir resentimiento o insatisfacción, lo que inevitablemente afecta la relación.

Para mantener este equilibrio, dedica tiempo a tus pasatiempos, proyectos y amistades. Si te apasiona la lectura, el deporte, el arte o cualquier otra actividad, no dejes de lado esas cosas que te hacen feliz. Estas actividades no solo te recargan, sino que también te ayudan a mantener una identidad propia dentro de la relación. Hablar con tu pareja sobre lo que disfrutas hacer solo también es importante para que ambos entiendan la necesidad de estos espacios personales.

Por otro lado, el "nosotros" en una relación implica compartir, construir juntos y apoyarse mutuamente. Esto incluye tomar decisiones en conjunto, tener metas comunes y pasar tiempo de calidad. El equilibrio se encuentra en saber cuándo priorizar el tiempo en pareja y cuándo priorizar tus necesidades individuales. No se trata de competir por espacio o atención, sino de colaborar para que ambos se sientan plenos.

La comunicación abierta es fundamental para mantener este equilibrio. Hablen de lo que necesitan como individuos y como pareja. A veces, uno de los dos puede sentirse descuidado porque el otro está demasiado enfocado en sus propios intereses, o puede sentir que no tiene suficiente espacio personal. Ser honestos sobre estas emociones y trabajar juntos para encontrar un punto medio es esencial. Escuchar sin juzgar y ser empático hacia las necesidades del otro puede marcar una gran diferencia.

El equilibrio también se refleja en cómo manejan las responsabilidades compartidas. En muchas relaciones, uno de los dos puede terminar asumiendo más cargas que el otro, lo que puede generar frustración. Dividan las tareas de manera justa, considerando las capacidades y horarios de ambos. Cuando las responsabilidades se reparten de forma equilibrada, es más fácil que ambos tengan tiempo y energía para dedicarse tanto a sus intereses individuales como a la relación.

Además, el equilibrio entre el yo y el nosotros implica respetar las diferencias. En una relación, no siempre estarán de acuerdo en todo, y eso está bien. Lo importante es aprender a aceptar esas diferencias sin tratar de cambiarlas. Esto también incluye dar espacio al otro para que tenga momentos de soledad o para compartir con otras personas. Sentir celos o inseguridad por estos momentos puede ser una señal de que el equilibrio no está funcionando bien, y es algo que deben abordar juntos.

Recuerda que una relación no debe ser la única fuente de felicidad en tu vida. Es natural querer que tu pareja te haga feliz, pero también es importante ser capaz de encontrar esa felicidad en ti mismo. Cuando ambos son responsables de su propia felicidad y la comparten con el otro, la relación se vuelve más fuerte y saludable. No coloquen toda la presión de su bienestar emocional en la relación, porque eso puede generar tensiones innecesarias.

Finalmente, el equilibrio entre el yo y el nosotros requiere paciencia y práctica. No siempre será perfecto, y habrá momentos en los que uno de los dos necesite más atención o más espacio. Lo importante es estar dispuestos a adaptarse y a buscar soluciones que funcionen para ambos. Recuerden que el amor no se trata de perderse en el otro, sino de caminar juntos, apoyándose y respetándose como individuos.

Mantener este equilibrio no solo beneficia a la relación, sino también a cada uno como persona. Una pareja donde ambos tienen espacio para crecer, tanto juntos como por separado, tiene más posibilidades de mantener la chispa del amor a lo largo del tiempo. Porque al final, una relación saludable es aquella en la que dos personas completas eligen compartir su vida, no porque lo necesiten, sino porque lo desean.

La Importancia del Humor en el Amor

El humor es una de las herramientas más poderosas para mantener viva la chispa en una relación. No se trata solo de hacer reír a tu pareja o de contar chistes todo el tiempo, sino de aprender a encontrar momentos de alegría incluso en medio de las dificultades. Una relación que carece de humor puede volverse demasiado seria o tensa, lo que puede llevar a que las pequeñas diferencias se conviertan en grandes conflictos. En cambio, cuando el humor está presente, la vida en pareja se siente más ligera, agradable y conectada.

Reír juntos es una forma de crear recuerdos felices. Piensa en esos momentos en los que una broma inesperada o un error tonto los hizo reír a carcajadas. Esos instantes no solo alivian el estrés, sino que también refuerzan el vínculo entre ustedes. Cuando ríes con alguien, estás compartiendo un momento genuino de conexión. El humor tiene la capacidad de desarmar tensiones y de recordarnos que no todo en la vida tiene que ser tan serio.

En una relación, los problemas son inevitables. Habrá días en los que las cosas no salgan como esperaban, cuando los planes se arruinen o cuando las pequeñas frustraciones del día a día los alcancen. Es ahí donde el humor puede marcar la diferencia. En lugar de dejar que un malentendido se convierta en una pelea o que un error sea motivo de resentimiento, aprender a reírse de la situación puede cambiar completamente el ambiente. Por ejemplo, si se pierden en el camino hacia un lugar, en lugar de frustrarse, pueden bromear sobre su "aventura inesperada". Estos pequeños gestos de humor pueden evitar que los problemas se agranden innecesariamente.

Además, el humor tiene un efecto positivo en cómo percibimos a nuestra pareja. Ver a alguien reír, especialmente cuando es una risa auténtica y genuina, nos recuerda por qué nos enamoramos de esa persona. La risa tiene un poder transformador, ya que nos hace ver a nuestro compañero bajo una luz más cálida y humana. En esos momentos, dejamos de enfocarnos en las pequeñas imperfecciones y recordamos la alegría de compartir nuestras vidas con alguien que nos hace sentir bien.

El humor también puede ser una herramienta para afrontar temas delicados. Hay ocasiones en las que ciertas conversaciones pueden resultar incómodas o tensas. Introducir un poco de humor, de manera respetuosa y cariñosa, puede aliviar la tensión y hacer que ambos se sientan más cómodos. Por ejemplo, si tu pareja olvidó algo importante, en lugar de hacer un drama, puedes bromear diciendo algo como: "Bueno, creo que hoy oficialmente te nombramos el rey del olvido". Esto no solo transmite el mensaje, sino que lo hace de una manera menos conflictiva.

No obstante, es importante entender que el humor en una relación debe ser siempre respetuoso. Bromear a costa de los sentimientos o inseguridades de tu pareja no es humor, es insensibilidad. El humor debe unir, no dividir. Antes de hacer una broma, considera cómo podría sentirse tu pareja. Si hay alguna duda sobre si puede herir sus sentimientos, es mejor evitarla. El humor que refuerza la relación es aquel que ambos disfrutan y que no deja espacio para resentimientos.

Además de ser una herramienta para enfrentar los desafíos, el humor también es una forma de celebrar la vida juntos. La risa no tiene que estar reservada solo para los momentos difíciles. Hacer cosas tontas juntos, como bailar sin ritmo en la sala o inventar canciones absurdas mientras cocinan, puede ser una forma maravillosa de disfrutar la compañía del otro. Estos pequeños momentos de alegría son como pegamento que mantiene unida a la pareja.

El humor también nos enseña a no tomarnos a nosotros mismos demasiado en serio. En una relación, habrá momentos en los que hagas algo embarazoso o equivocado. En lugar de sentirte mal por ello, aprende a reírte de ti mismo. Esto no solo te ayuda a liberar la presión, sino que también muestra a tu pareja que eres alguien con quien es fácil convivir. Cuando ambos pueden reírse de sus propios errores, crean un ambiente de aceptación y comodidad.

Por último, el humor no tiene que ser algo que ocurra de forma espontánea. Si sienten que han perdido un poco la alegría en su relación, pueden buscar actividades que los hagan reír juntos. Ver una película cómica, jugar un juego divertido o recordar momentos graciosos del pasado pueden ser formas de reintroducir el humor en su relación. La clave es estar dispuestos a buscar esos momentos y permitir que la risa fluya.

El humor es como una chispa que enciende la alegría en el amor. No requiere esfuerzo ni planificación excesiva, solo disposición para ver el lado divertido de la vida y compartirlo con tu pareja. Reír juntos no solo aligera los problemas, sino que también fortalece el amor. Porque al final, el amor no es solo un lugar para sentirse seguro, también es un espacio para divertirse y disfrutar.

Sueños Compartidos

Los sueños compartidos son el motor de una relación fuerte y duradera. Soñar juntos no significa solo hablar de metas a largo plazo, como comprar una casa o formar una familia, aunque esas también son importantes. Se trata de imaginar un futuro en el que ambos estén involucrados, visualizando cómo crecerán y se apoyarán mutuamente en el camino. Cuando dos personas comparten sueños, crean un propósito común que las une y les da dirección. Es como construir un puente que los conecta hacia adelante, haciéndolos caminar juntos hacia algo más grande que cada uno de ellos por separado.

A menudo, las parejas olvidan la importancia de sentarse a soñar juntas. La rutina diaria, las responsabilidades y el estrés pueden hacer que dejen de lado las conversaciones significativas sobre el futuro. Pero hablar de sueños no solo es emocionante, también fortalece la conexión. Cuando te sientas con tu pareja y compartes lo que deseas lograr, le estás diciendo que confías en ella y que quieres que forme parte de tu vida. Además, al escuchar los sueños de tu pareja, le muestras que te importa y que estás dispuesto a apoyarla en lo que más desea.

Un buen punto de partida para hablar sobre sueños compartidos es recordar lo que alguna vez imaginaron juntos. Quizás, al inicio de la relación, tenían planes emocionantes que dejaron de lado con el tiempo. Hablen sobre esas ideas. ¿Todavía desean cumplirlas? Si es así, ¿qué pueden hacer para retomarlas? Si no, ¿qué nuevos sueños han surgido? Este tipo de conversaciones no solo renuevan la chispa, sino que también les recuerdan lo que los une.

Es importante que ambos tengan la libertad de expresar lo que realmente desean, incluso si al principio sus sueños parecen diferentes. Por ejemplo, uno de ustedes podría soñar con viajar por el mundo mientras el otro desea establecerse en un lugar estable. Esto no significa que sus sueños sean incompatibles. Con comunicación y creatividad, pueden encontrar maneras de combinar ambas visiones. Tal vez puedan viajar por un tiempo antes de establecerse o buscar un equilibrio que satisfaga a ambos. Lo crucial es estar abiertos a escuchar y buscar soluciones juntos.

También es útil establecer metas concretas a partir de esos sueños. Hablar de querer ser felices o exitosos está bien, pero ¿cómo se ve eso en la práctica? Si desean tener un negocio juntos, hablen sobre qué tipo de negocio les apasiona, qué pasos necesitan tomar y cómo pueden apoyarse mutuamente en el proceso. Si sueñan con un retiro tranquilo en el futuro, ¿qué deben hacer ahora para ahorrar o planificarlo? Ponerle detalles a sus sueños hace que sean más reales y alcanzables.

No todos los sueños tienen que ser grandiosos o ambiciosos. Los pequeños sueños compartidos son igual de valiosos. Tal vez sueñen con aprender algo juntos, como cocinar platos exóticos, practicar un deporte o incluso adoptar una mascota. Estas pequeñas metas crean momentos especiales que refuerzan el vínculo diario. Además, al lograr estos sueños más sencillos, se sienten motivados para perseguir metas más grandes.

Compartir sueños también implica apoyar los sueños individuales. Una relación no significa renunciar a lo que cada uno quiere para sí mismo, sino encontrar formas de crecer juntos mientras persiguen sus intereses personales. Si tu pareja sueña con desarrollar una carrera o con aprender algo nuevo, apóyala en ese camino. Ayúdala a encontrar las oportunidades que necesita, celebra sus logros y sé su mayor animador. Al hacerlo, estás mostrando que sus sueños son importantes para ti porque lo son para ella.

Al igual que cualquier aspecto de una relación, los sueños compartidos requieren trabajo constante. Lo que soñaban hace cinco años podría no ser lo mismo que desean ahora. Las prioridades cambian, y está bien. Lo importante es mantenerse en sintonía y ajustar sus metas según evolucionen como individuos y como pareja. Tómense el tiempo para revisar sus sueños con regularidad. Hablen sobre qué ha cambiado, qué sigue siendo relevante y qué nuevos deseos han surgido.

Además, no tengan miedo de soñar en grande. Muchas veces, nos limitamos pensando que ciertos sueños son imposibles o poco prácticos. Pero soñar juntos no se trata solo de lo que pueden lograr, sino de lo que los hace sentir emocionados y vivos. Incluso si no logran cumplir todos los sueños, el simple hecho de imaginar y planificar juntos crea una conexión emocional profunda. Los hace sentir como un equipo que enfrenta el mundo unido.

Finalmente, recuerden que los sueños compartidos no solo son sobre el futuro. También se trata de cómo disfrutan el presente mientras trabajan hacia esas metas. Celebren cada paso del camino, por pequeño que sea. Si están ahorrando para un viaje, celebren cuando lleguen a un hito en su presupuesto. Si están aprendiendo algo nuevo juntos, disfruten de las risas y los errores que surgen en el proceso. Esos momentos son los que convierten los sueños en recuerdos valiosos.

Soñar juntos es un acto de amor y compromiso. Es una forma de decirle a tu pareja que no solo la amas hoy, sino que también quieres estar a su lado en el futuro. Al compartir sueños, están creando un camino juntos, lleno de metas, logros y momentos especiales. Es una manera de asegurarse de que, pase lo que pase, siempre tendrán algo por lo que trabajar y algo por lo que emocionarse, juntos.

Dejar ir Para Avanzar

Dejar ir para avanzar es una de las lecciones más desafiantes, pero también más transformadoras, en una relación. A menudo, cargamos con equipajes emocionales que se van acumulando con el tiempo: resentimientos, decepciones, palabras dichas en momentos de enojo o heridas que no hemos sabido sanar. Este peso invisible no solo agota nuestra energía, sino que también crea barreras entre nosotros y nuestra pareja. Dejar ir no significa ignorar lo que pasó ni minimizar los sentimientos. Es un acto consciente de liberar el pasado para construir un futuro más ligero y feliz.

Primero, es importante identificar lo que estamos cargando. Tal vez haya un recuerdo que aparece constantemente en discusiones. Tal vez sientas que no has podido superar una traición o que hay algo que tu pareja hizo hace tiempo y que todavía te duele. Reflexiona sobre estos sentimientos y sé honesto contigo mismo. ¿Qué es exactamente lo que te molesta? ¿Es algo que ocurrió una vez o es un patrón que no se ha resuelto? Antes de poder dejar ir, necesitas reconocer qué es lo que estás sosteniendo.

Hablar de estos temas con tu pareja es un paso crucial. Guardar el resentimiento en silencio solo lo hace crecer. Pero, al mismo tiempo, es importante abordar estas conversaciones desde un lugar de calma y no de confrontación. Usa un momento tranquilo para expresar lo que sientes. Por ejemplo, en lugar de acusar, puedes decir algo como: "Me he dado cuenta de que hay algo que todavía me afecta y quiero hablarlo contigo porque quiero que estemos mejor". Esta apertura crea un espacio seguro para la comunicación y evita que la conversación se convierta en una pelea.

El proceso de dejar ir también requiere empatía. Muchas veces, el dolor que sentimos está relacionado con acciones o palabras de nuestra pareja que quizás no fueron intencionales. Trata de ponerte en su lugar. Pregúntate si lo que hizo fue un error humano o si hubo una falta de comprensión mutua. Esto no significa justificar comportamientos dañinos, pero sí te ayuda a ver la situación desde una perspectiva más amplia. La empatía puede suavizar las emociones intensas y abrir la puerta al perdón.

El perdón, por supuesto, es el núcleo de dejar ir. Perdonar no es decir que lo que pasó está bien, ni significa olvidar. Es una decisión consciente de no dejar que el dolor controle tu vida ni tu relación. Es soltar la necesidad de castigar a tu pareja o de seguir recordándole lo que hizo. Perdonar es un regalo que te das a ti mismo tanto como a la otra persona. Es liberarte del peso que te ata al pasado para que puedas moverte hacia adelante.

Dejar ir también implica aprender de las experiencias. Cada desafío en una relación tiene algo que enseñarnos, ya sea sobre nuestras propias necesidades, sobre cómo comunicarnos mejor o sobre lo que valoramos en nuestra pareja. Reflexiona sobre lo que puedes llevarte de esas experiencias, pero sin quedarte atrapado en ellas. Piensa en cómo puedes aplicar esas lecciones para fortalecer tu relación en el futuro.

Por otro lado, es importante aceptar que no todas las heridas pueden cerrarse de inmediato. Hay cosas que necesitan tiempo, y está bien. No te presiones a dejar ir de un día para otro. Lo importante es que estés trabajando hacia esa meta, dando pequeños pasos cada día. Tal vez un día puedas hablar del tema sin sentir tanto dolor, o tal vez un día te des cuenta de que ya no piensas en ello con tanta frecuencia. Celebra esos pequeños avances.

A veces, también necesitamos dejar ir nuestras propias expectativas. En una relación, es común crear una imagen de cómo debería ser nuestra pareja o cómo debería comportarse. Pero nadie es perfecto, y todos cometemos errores. Si te aferras a una idea rígida de cómo deben ser las cosas, te estás cerrando a la posibilidad de aceptar y amar a tu pareja tal como es. Dejar ir estas expectativas no significa conformarte, sino ser más flexible y realista en tus expectativas.

Por último, recuerda que dejar ir no es algo que haces solo por tu pareja. Lo haces por ti mismo. El resentimiento y el dolor acumulado no solo afectan la relación, también te afectan a ti como individuo. Dejar ir es liberarte de esa carga emocional que te impide ser plenamente feliz. Es permitirte disfrutar del presente sin que el pasado nuble tu visión. Es elegir la paz en lugar del conflicto.

Dejar ir para avanzar es un acto de amor, tanto hacia tu pareja como hacia ti mismo. Es una forma de decir que el pasado no definirá el futuro, que estás dispuesto a hacer el trabajo necesario para construir algo más fuerte y más hermoso. Requiere valentía y compromiso, pero los resultados valen cada esfuerzo. Cuando decides soltar lo que te detiene, abres un espacio para que florezca el amor, el entendimiento y la conexión que tanto deseas. Y en ese proceso, descubres que, al final, dejar ir es una forma de ganar.

Amor en Constante Construcción

El amor en una relación no es algo que se construye una vez y queda perfecto para siempre. Es un proyecto en constante evolución, como una casa que siempre necesita cuidado, reparaciones y, a veces, una renovación completa. Pensar que una relación puede mantenerse sola, sin esfuerzo, es un error común. El amor necesita dedicación diaria, atención a los detalles y un compromiso mutuo para mantenerlo vivo y fuerte. Cuando aceptamos esta realidad, podemos abordar nuestra relación con una mentalidad más positiva y constructiva.

El primer paso para construir continuamente el amor es recordar que ninguna relación es perfecta. Todos tenemos días malos, cometemos errores y enfrentamos desafíos. Estos momentos no son el fin del amor, sino oportunidades para fortalecerlo. En lugar de ver las dificultades como obstáculos insuperables, debemos mirarlas como ladrillos que, colocados con paciencia y cuidado, pueden formar la base de una relación más sólida. Por ejemplo, una discusión no resuelta puede convertirse en un muro entre ustedes, pero si se aborda con comunicación y empatía, puede transformarse en un puente que los conecte más profundamente.

El esfuerzo diario es esencial. A menudo pensamos que las grandes declaraciones de amor, como un viaje especial o un regalo caro, son lo que realmente importa. Aunque esos momentos son hermosos, el amor también se construye en los pequeños gestos cotidianos. Preparar el desayuno, escuchar con atención después de un día largo o simplemente decir "te quiero" sin razón aparente son maneras de demostrar amor de forma constante. Estos gestos, aunque parezcan simples, son los que mantienen la chispa viva y fortalecen el vínculo.

La construcción del amor también requiere tiempo de calidad juntos. En un mundo lleno de distracciones, como el trabajo, las redes sociales y otras responsabilidades, es fácil perder de vista lo importante que es pasar tiempo con tu pareja. Este tiempo no tiene que ser elaborado. Puede ser algo tan simple como sentarse a ver una película juntos, salir a caminar o compartir una comida sin interrupciones. Lo importante es estar presentes, no solo físicamente, sino emocional y mentalmente.

Otro aspecto crucial es la adaptabilidad. Las relaciones cambian con el tiempo, al igual que las personas. La pareja que eran al principio puede no ser la misma después de unos años, y eso está bien. Lo importante es crecer juntos, no separarse. Esto significa estar dispuesto a adaptarte a los cambios de tu pareja y aceptar que el amor también puede evolucionar. Tal vez antes disfrutaban salir a fiestas, y ahora prefieren noches tranquilas en casa. Tal vez las prioridades han cambiado con el tiempo. Lo importante es abrazar estos cambios en lugar de resistirse a ellos.

La paciencia es otro pilar fundamental. Habrá días en los que las cosas no salgan como planeaste, en los que te sientas frustrado o en los que la conexión parezca débil. En esos momentos, es importante recordar que el amor no siempre se siente perfecto, pero eso no significa que no esté allí. La paciencia te ayuda a superar los momentos difíciles sin rendirte. Es saber que, aunque haya tormentas, el cielo eventualmente se despejará si ambos están dispuestos a trabajar juntos.

La gratitud también juega un papel enorme en la construcción constante del amor. Es fácil dar por sentado a tu pareja después de un tiempo. Sin embargo, tomarte un momento para apreciar lo que hace por ti, lo que aporta a tu vida y lo que significa para ti puede cambiar completamente tu perspectiva. Decir "gracias" con sinceridad, reconocer sus esfuerzos y mostrar aprecio son formas de mantener la relación fresca y llena de cariño.

La construcción del amor también implica aprender y crecer juntos. Esto puede ser desde algo tan sencillo como leer un libro que les interese a ambos o tomar una clase juntos, hasta enfrentar desafíos importantes como pareja. Cada experiencia compartida se convierte en un ladrillo más en la estructura de su relación. Cuantas más experiencias compartan, más fuerte será el amor que construyan.

Finalmente, construir el amor en una relación es un acto de elección diaria. Cada día tienes la oportunidad de elegir a tu pareja nuevamente, de demostrarle que es importante para ti, de trabajar para fortalecer su conexión. Es fácil dejarse llevar por la rutina y olvidar este aspecto, pero cuando te tomas el tiempo para elegir conscientemente a tu pareja todos los días, el amor se convierte en algo vivo y dinámico.

Amar en constante construcción no es fácil. Requiere esfuerzo, dedicación y un compromiso genuino. Pero el resultado vale la pena. Una relación construida con cuidado y atención no solo resiste el paso del tiempo, sino que también florece, proporcionando alegría, apoyo y un sentido profundo de conexión. Al final, el amor no es un destino, sino un viaje, y cada paso que das junto a tu pareja es una oportunidad para construir algo verdaderamente hermoso.